Natàlia Sabater

Ilustraciones de
Laura Borràs

Aprendiz de músico

Redbook

MA
NON
TROPPO

Diseño de cubierta: Regina Richling

Diseño de interior: Quim Miserachs

ISBN: 978-84-18703-29-4

Depósito legal: B-4.512-2022

Impreso por Sagrafic, Passatge Carsi 6, 08025 Barcelona

Impreso en España - *Printed in Spain*

Índice

Presentación

La música es una expresión artística, una forma de comunicación basada en sonidos ordenados en el tiempo. Si conocemos el lenguaje musical, sus signos y sus reglas, podremos entender, interpretar, compartir, crear y transmitir música a otras personas a través del tiempo.

El lenguaje musical muchas veces se considera aburrido, denso y difícil de entender. Pero si se explica con un lenguaje accesible, cercano al imaginario de los niños, utilizando el cuento y el juego como vehículo, se despierta un mundo de ilusión y de interés respecto a este aprendizaje.

Con este libro pretendo explicar los conceptos básicos del lenguaje musical de forma simple, amena y divertida a niños (y adultos) y potenciar la necesidad de su conocimiento. Espero que pueda servir de ayuda a profesores de música y a familias que deseen introducirse en el aprendizaje del lenguaje musical.

Inspirándome en **Apolo**, dios de la luz, el sol, la música, la poesía y las artes y **Hades**, dios de la oscuridad y del inframundo, he creado una historia en la que **Euterpe**, musa griega de la música, será la encargada de transmitir los conocimientos musicales necesarios a dos hermanos, Clara y David, protagonistas de este libro, para poder superar las pruebas propuestas y demostrar que entre los humanos hay interés en el aprendizaje musical.

¡Hola! Soy Clara y esta noche he tenido un sueño increíble… ¿Queréis que os lo cuente? Todo ha empezado cuando en mi habitación se me ha aparecido una chica joven. Vestida de forma extraña, antigua, con un aire muy elegante:

◆ Hola Clara, soy Euterpe.

● ¡Hola, sabes mi nombre! ¡Yo nunca he oído el tuyo y es bonito! —ha respondido Clara.

Era Euterpe, la musa griega de la música, la diosa encargada de proteger la música y los instrumentos musicales.

◆ Estoy aquí porque necesito tu ayuda. Ha pasado una cosa muy triste, Hades, que es el dios del inframundo, ha secuestrado a Apolo, el dios de la música y de la poesía. Sin Apolo no va a haber música en la Tierra. ¿Te imaginas qué mundo más triste sin la existencia de la música? ¡Horrible, no se puede permitir! Entonces, después de mucho insistir que lo liberara, he llegado a un pacto con Hades: convencer a un humano para que me ayude a vencerle a través del conocimiento y así demostrar el interés de la humanidad en el retorno de Apolo y de la música —ha explicado Euterpe.

● ¿Qué es tanto ruido? ¿Qué pasa Clara, que no estás durmiendo? ¿Quién es esta señora?

David, el hermano pequeño de Clara, se había despertado y con cara de sueño hacía todas esas preguntas.

Entonces, Euterpe le volvió a explicar quién era y por qué estaba en la habitación de Clara.

● Entiendo —dijo David—. ¿Y por qué Hades está enfadado con Apolo?

◆ Es largo de explicar —le respondió Euterpe—, pero intentaré contar brevemente lo que pasó hace mucho tiempo. Zeus, el padre de Apolo, que era un dios muy poderoso, decidió repartir el Universo entre él y sus dos hermanos Poseidón y Hades. Zeus eligió para sí mismo quedarse con el reino de los cielos, dio el gobierno de las aguas y de los océanos a Poseidón y, por último, reservó el mando del mundo subterráneo para Hades, convirtiéndole en el guardián de los infiernos y de la oscuridad, cosa que no le hizo demasiada ilusión. Por este motivo siempre está enfadado con Zeus y sus hijos, principalmente con Apolo, ya que representa todo lo contrario a él: la luz, el sol, la música y las artes. Ahora, sin perder tiempo necesito vuestra ayuda. ¿Me ayudaréis?

● ¡Claro que sí! —respondieron ambos a la vez.

● Queremos ayudar a recuperar la música. Pero, ¿cómo vamos a ser capaces de hacerlo? —ha preguntado Clara.

◆ Tendréis que jugar a este juego: Apolo está vigilado por seis criaturas mitológicas que están al servicio de Hades. Cada una de ellas vendrá a comprobar que superáis la prueba relacionada con la música que ha dispuesto Hades. Por supuesto yo os voy a preparar para que las podáis superar, pero tendréis que estar muy atentos, porque una vez que empiece la prueba yo no os podré ayudar a resolverla —les ha explicado Euterpe.

● ¿Y nos vamos a tener que enfrentar solos a todas estas pruebas con estos terribles monstruos observándonos? Tengo miedo… —anunció David.

◆ Vais a estar muy preparados, yo os ayudaré —respondió Euterpe—. Pero en el momento de resolver las pruebas vais a estar solos como un músico solista cuando sale al escenario. Tendréis que vencer vuestros miedos gracias a la preparación y a la confianza en vosotros. Yo sé que si queréis hacerlo vais a poder, ahora sólo falta que estéis convencidos. ¡Vamos! ¡Poneos cómodos que la aventura va a empezar!

1

Altura
de los sonidos

◆ Vamos a comenzar. Os voy a contar algo de las notas musicales y los sonidos.

◆ Supongo que os habréis dado cuenta que no todos los sonidos son iguales. Pueden ser más altos (agudos), como el sonido de los pájaros, o más bajos (graves), como el sonido de la bocina de un camión o de un barco. Y… ¿sabéis que en los inicios de la música, hace muchísimos años, a alguien se le ocurrió hacer una línea y dibujar la altura de los sonidos con unos cuadrados para poder memorizar las melodías? Pensad que antiguamente la música y las historias se transmitían de forma oral, ya que casi nadie sabía leer o escribir y tuvieron que inventar un código para poder recordar las canciones que cantaban.

◆ A esta línea, con el paso del tiempo, se le añadió una segunda, una tercera y una cuarta línea más hasta configurar nuestro actual pentagrama. Pensad que con cinco líneas es más preciso y fácil reconocer y leer la altura de un sonido y a todos nos gusta hacer las cosas mejor y más fácilmente...

Dónde se escriben los sonidos: el pentagrama

◆ Así pues, el pentagrama son cinco líneas y cuatro espacios donde se colocan los símbolos que representan los sonidos según su altura, de modo que los sonidos más agudos se escriben en la parte superior del pentagrama y los más graves en la parte inferior.

5ª línea
4° espacio
4ª línea
3° espacio
3ª línea
2° espacio
2ª línea
1er espacio
1ª línea

◆ Y estos símbolos, que se conocen como notas musicales, ya no son cuadrados sino redondos, no sé si os habíais dado cuenta... y no se escriben en cualquier sitio, se escriben en las líneas y en los espacios, de este modo:

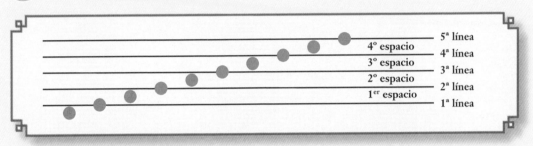

Las líneas adicionales

● Perdona Euterpe —ha interrumpido Clara— tengo una pregunta: ¿Qué pasa si queremos escribir sonidos más agudos o más graves de los que caben dentro del pentagrama? Porque me acabas de decir que el pentagrama sólo tiene cinco líneas y creo que existen muchos más sonidos, ¿no?

◆ ¡Muy buena observación Clara! —ha exclamado Euterpe—. Para escribir sonidos más agudos o más graves utilizamos las líneas adicionales. Son trocitos de línea que se añaden a las notas cuando están por encima o por debajo del pentagrama.

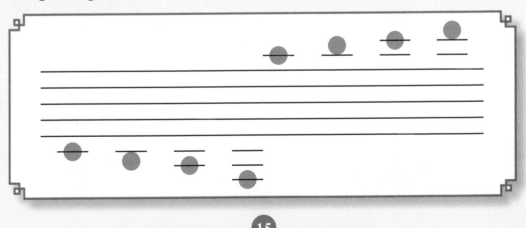

El nombre de las notas musicales

● Hablando de notas musicales… estas sé cuáles son. Son siete y sus nombres son: Do, Re, Mi, Fa, Sol, La, Si —ha comentado David, contento de demostrar que sabía música, porque estaba aprendiendo a tocar el piano.

◆ Muy bien. ¿Y sabes por qué tienen estos nombres? —ha preguntado Euterpe.

David ha negado moviendo la cabeza a ambos lados y la ha mirado con curiosidad.

◆ El monje Guido d'Arezzo, en el siglo X, dio nombre a los siete sonidos musicales basándose en el Himno de San Juan Baptista. Cada sonido del principio de cada verso coincidía con cada una de las notas de la escala de Do. Más tarde se cambió la sílaba Ut por Do porque era más fácil de pronunciar —les ha explicado Euterpe.

Ut queant laxis	Para que puedan
Resonare fibris	exaltar a pleno pulmón
Mira gestorum	las maravillas
Famuli tuorum	estos siervos tuyos
Solve polluti	perdona la falta
Labii reatum	de nuestros labios impuros
Sancte Ioannes.	San Juan.

La clave de Sol

Entonces, ha seguido con su relato a los niños:

♦ Ahora os explicaré un símbolo musical muy importante que aparece siempre al principio del pentagrama y que sirve para dar nombre a las notas. Es la clave y hay distintas. Según el instrumento musical que toques, dependiendo de si el instrumento suena más agudo o más grave, tienes que saber leer música en una clave o en otra o en dos a la vez, como en el piano. Y el motivo de que existan diferentes claves es para evitar leer tantas notas con líneas adicionales, o sea, fuera del pentagrama. Parece un poco complicado, ¿no? Veréis que no. Vamos a empezar por la clave de Sol.

◆ La clave de Sol se coloca en la segunda línea del pentagrama para indicar que la nota que se escribe en esta línea es la nota Sol. A partir de saber dónde está el Sol podemos leer las demás notas musicales:

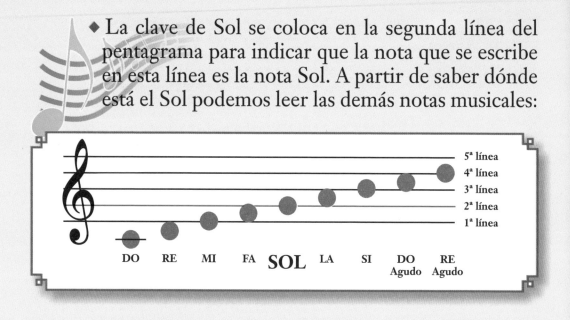

◆ Si os habéis fijado, después de la nota Si empezamos a nombrar otra vez las notas desde el Do: Do agudo, Re agudo... —ha señalado Euterpe. Y ha añadido: —La clave de Sol es la que se utiliza más. La utilizan los cantantes, los pianistas, los flautistas, los violinistas, en general, los instrumentistas que tocan instrumentos que tienen notas agudas.

La clave de Fa

Luego, Euterpe les ha explicado las diferencias con la clave de Fa.

◆ La clave de Fa indica que en la cuarta línea del pentagrama está la nota Fa y la utilizan los pianistas, los violonchelistas, los fagotistas, en general los instrumentistas que tocan instrumentos que tienen notas graves.

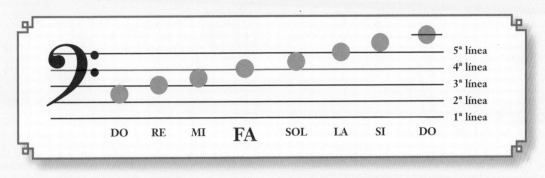

DO   RE   MI   **FA**   SOL   LA   SI   DO

5ª línea
4ª línea
3ª línea
2ª línea
1ª línea

La clave de Do

◆ Y por último —ha añadido Euterpe— también debéis conocer la clave de Do. Esta clave indica dónde está la nota Do. Hay cinco claves de Do porque hay cinco líneas en el pentagrama y se puede colocar la clave de Do en cada una, pero sólo se utiliza la que está en la 3ª línea y la que está en la 4ª línea. Esta clave la usan los instrumentistas que tocan el trombón, los que tocan la viola, que es un instrumento parecido al violín pero un poco más grande y por lo tanto más grave, y también se usa para tocar algún otro instrumento más.

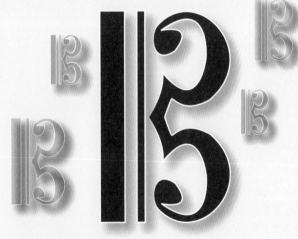

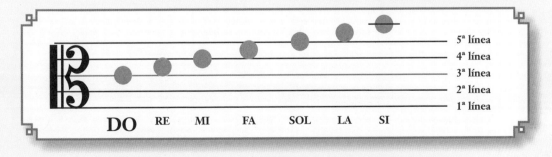

DO   RE   MI   FA   SOL   LA   SI

5ª línea
4ª línea
3ª línea
2ª línea
1ª línea

HYDRA
ERA UN MONSTRUO ACUÁTICO CON FORMA DE SERPIENTE DE CINCO CABEZAS. CADA VEZ QUE SE LE CORTABA UNA CABEZA NACÍAN DOS O MÁS. ERA CAPAZ DE MATAR CON SU ALIENTO VENENOSO A QUIEN SE LE ACERCARA. VIVÍA EN UN LAGO VIGILANDO UNA DE LAS ENTRADAS AL INFRAMUNDO QUE ESTABA DEBAJO DE ESAS AGUAS.

Entonces, dirigiéndose a los niños,
les ha dicho:

◆ Clara y David, veo que me habéis escuchado atentamente y me ha parecido que lo habéis entendido todo. Si es así ya podemos enfrentarnos a la primera prueba. ¡Ah, muy importante! Ahora aparecerá Hydra. Sobre todo, no os acerquéis a ella y si lo hacéis contened la respiración, ya que su aliento es venenoso y no os dejéis distraer por su aspecto terrorífico. Hades nos envía a estos seres para comprobar que resolvéis bien las pruebas pero también para que perdáis la concentración y sea más difícil que solucionéis con éxito las pruebas.

En aquel instante apareció un ser terrorífico parecido a una serpiente acuática con cinco cabezas que nos mojó a todos y dejó la habitación salpicada de agua. Euterpe continuó como si nada hubiese ocurrido.

◆ Tenéis que reconocer estas notas musicales escritas en clave de Sol. Son las notas de una canción muy conocida que tendréis que adivinar más adelante:

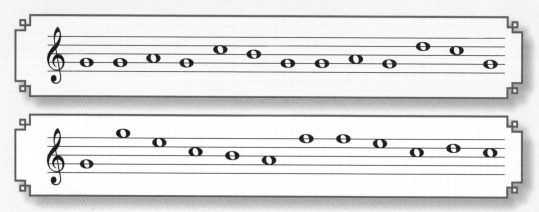

Después de repasar las notas de la clave de Sol, y con una voz temblorosa por la presencia amedrentadora de Hydra, Clara y David empezaron a decir las notas una tras otra:

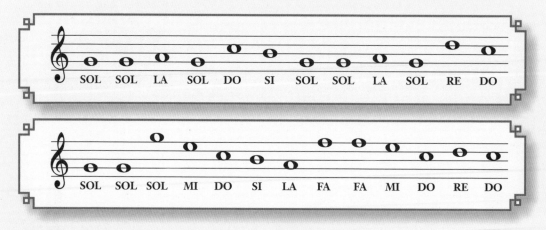

◆ ¡Muy bien! ¡Estoy muy orgullosa de vosotros! —exclamó Euterpe—. Podemos seguir con la siguiente prueba...

En aquel momento Hydra desapareció dejando un rastro de agua en el suelo.

Por cierto, la altura de los sonidos se mide en hercios. La nota La del centro del pentagrama, que sirve para afinar los instrumentos musicales, emite una frecuencia de 440 hercios (Hz). Si tocamos un La más agudo, la frecuencia es el doble: 880Hz, y si tocamos un La más grave la frecuencia es la mitad. Por lo tanto, cuanto más aguda es la nota más alta es la frecuencia. Como curiosidad, nuestro oído puede escuchar sonidos de entre 20 y 20.000 hercios.

2
La duración
de las notas

El tic-tac del reloj de la música: la pulsación

◆ Ahora es el momento de escuchar la música de «El reloj sincopado» de Leroy Anderson —prosiguió Euterpe—. ¿Verdad que escucháis el tic-tac de un reloj? Pues toda, o casi toda la música tiene un tic-tac que es el que nos hace bailar, lo que hace que todos los músicos puedan tocar a la vez y que todos podamos seguir con los pies el mismo ritmo. A esto lo llamamos pulsación.

Y añadió:

◆ ¿Os habéis fijado que los sonidos tienen diferentes duraciones? Hay sonidos más largos y sonidos más cortos, ¿verdad? Pues, igual que hemos visto que la altura de las notas se representa con círculos en un pentagrama, la duración de las notas se presenta con unas formas llamadas figuras musicales. Ahora las vamos a ver:

Las figuras musicales

LA REDONDA

◆ Dura cuatro pulsaciones, por lo tanto es una figura que representa un sonido muy largo. Yo me imagino que cada redonda es como un paso de gigante, que recorre mucho espacio en cada zancada que da. Cada redonda dura todo este espacio pintado en azul —ha señalado Euterpe.

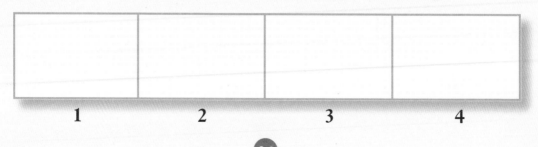

1	2	3	4

LA BLANCA

◆ La blanca dura dos pulsaciones (la mitad que la redonda). Yo me imagino un paso de un señor o señora que recorre bastante espacio y que para atrapar al gigante tiene que dar el doble de pasos. Cada paso abarca la parte pintada de color azul:

1	2	3	4

◆ La negra dura una pulsación (la mitad que la blanca y un cuarto que la redonda). Os podéis imaginar a un niño o niña como vosotros que hace los pasos más cortos y por lo tanto tiene que hacer más pasos para alcanzar al gigante. La distancia de cada paso es la que está pintada en azul:

1	2	3	4

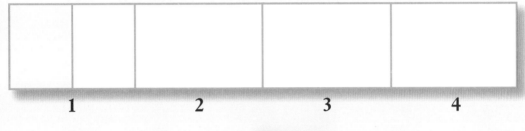

LA CORCHEA

◆ La corchea dura media pulsación (la mitad que la negra y un octavo que la redonda). Aquí tenéis que imaginaros a un niño muy pequeño que hace los pasos aún más pequeños. Fijaos en la parte pintada de azul:

1   2   3   4

◆ Las corcheas acostumbran a ir de dos en dos, ya que las dos juntas suman una pulsación.

LA SEMICORCHEA

◆ La semicorchea dura un cuarto de pulsación (la mitad que la corchea y una decimosexta parte de la redonda). Aquí podéis pensar en un ratón que para poder alcanzar al gigante tendría que hacer muchos pasos muy rápidos. Fijaos que la parte pintada de azul es cada vez más pequeña:

1   2   3   4

◆ Normalmente vemos las semicorcheas agrupadas de cuatro en cuatro porque las cuatro juntas suman una pulsación.

◆ Y aún nos quedan más figuras musicales por conocer, como la fusa y la semifusa, aunque sólo os explicaré que la fusa es la mitad de la semicorchea y la semifusa es la mitad de la fusa. Y esta es su figura musical:

La fusa   La semifusa

La plica

● La música se parece a las matemáticas porque tienes que ir sumando los valores de las notas… —ha apuntado David. A lo que ha añadido: —Y además me acabo de fijar que cuanto más pequeña es la figura musical más palitos tiene…

◆ ¡Es verdad! —ha afirmado Euterpe—. Aprovecho para añadir que al palito de la figura musical se le llama plica y que a la circunferencia se le llama cabeza.

Y ha continuado
explicándonos:

PLICA

CABEZA

◆ La plica puede escribirse hacia arriba y al lado derecho de
la nota o hacia abajo y en el lado izquierdo de la nota.

◆ Pero irá siempre hacia arriba cuando la nota está
por debajo de la tercera línea del pentagrama o en
la misma tercera línea y se escribirá siempre hacia
abajo cuando la nota esté en la tercera línea o por
encima de ésta:

5ª línea
4ª línea
3ª línea
2ª línea
1ª línea

Los silencios

● Euterpe, tengo una pregunta —ha interrumpido David—. Siempre me han dicho que la música es una combinación de sonidos y silencios. Entonces, ¿los silencios se representan en las partituras?

◆ Sí, efectivamente —ha afirmado Euterpe—. Los silencios son tan importantes como lo sonidos y se tienen que poder representar indicando su duración, de modo que a cada figura musical le corresponde un silencio que tendrá su misma duración. Por ejemplo el silencio de redonda durará cuatro tiempos y el de blanca dos.

FIGURA MUSICAL	SILENCIO

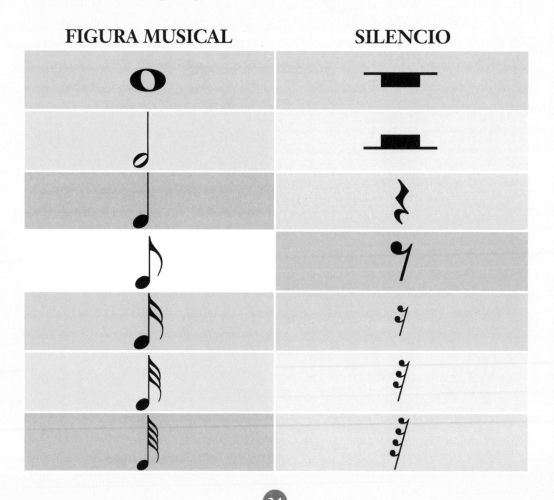

◆ Los silencios se escriben dentro del pentagrama, igual que las notas musicales. Sólo se escribe en un lugar concreto el silencio de redonda y el de blanca. El de redonda se escribe justo debajo de la cuarta línea y el de blanca encima de la tercera:

	5ª línea
4° espacio	4ª línea
3° espacio	3ª línea
2° espacio	2ª línea
1er espacio	1ª línea

Silencio de redonda   Silencio de blanca

Vamos a alargar una nota musical: el puntillo

● Ya lo entiendo, pero en las partituras que he visto, me he fijado que hay más figuras, más ritmos diferentes, como una blanca con un punto al lado… ¿Qué significa ese punto? —ha preguntado David.

◆ A ese punto se le llama puntillo y es un signo que efectivamente se pone al lado derecho de la cabeza de la nota y sirve para alargar su sonido la mitad de su duración. Entonces, una blanca con punto durará una blanca más una negra, que son tres pulsaciones en total, y una negra con punto valdrá una negra más una corchea, una pulsación y media en total —le ha respondido Euterpe.

2 + 1 = 3 pulsaciones

1 + 1/2 = 1 pulsación y media

Otra manera de alargar una nota: la ligadura de prolongación

Luego, Euterpe, ha añadido:

◆ También podemos alargar la duración de un sonido uniendo dos o más notas de la misma altura (del mismo nombre) con una ligadura de prolongación, sumando las dos figuras y convirtiéndolas en un único sonido más largo.

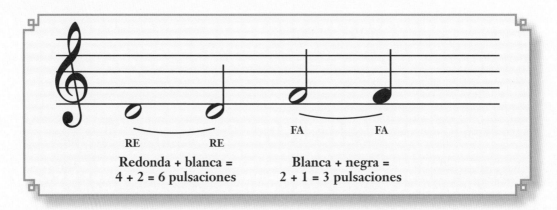

◆ Las ligaduras de prolongación se utilizan cuando la nota primera que se quiere alargar está en un compás y la segunda está en el siguiente, pero como aún no te he explicado qué son los compases ya lo entenderás más adelante.

¡Más ritmos!

● David, antes me comentabas que conocías más ritmos ¿no? Pues sí, hay muchos más ritmos fruto de la combinación de las figuras que hemos visto anteriormente. Sólo os quería comentar uno que creo que es interesante: el tresillo.

◆ Puede haber tresillos de cualquier figura musical: de redondas, de blancas, de negras, de corcheas, de semicorcheas... aunque el que más verás es el de corcheas, ya que equivale a una pulsación —ha señalado Euterpe.

● No lo entiendo —ha respondido David—. Antes dos corcheas duraban una pulsación, ¿por qué ahora tres corcheas duran también una?

A lo que Euterpe ha respondido:

◆ Porque el tresillo es un grupo artificial, por esto tiene un 3 en la parte superior de la figura. Está formado por tres figuras iguales que se tocan en el tiempo que se deberían tocar solo dos y su valor total equivale al de su figura inmediatamente superior, por lo que un tresillo de corcheas durará igual que una negra. Vamos a ver si lo habéis entendido... ¿Este tresillo de negras cuántos tiempos dura?

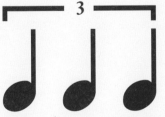

● Pues si has dicho que dura como su figura superior, como es un tresillo de negras, durará como una blanca, o sea dos pulsaciones —ha respondido David rápidamente.

◆ ¡Correcto! —ha exclamado Euterpe.

◆ Ya estáis preparados para que venga Medusa. Recordad que no la podéis mirar, si no, os va a convertir en piedra y se acabaría el juego.

En ese instante apareció Medusa emitiendo ruidos para llamar la atención. Siguiendo el consejo de Euterpe, Clara y David no se atrevieron a mirarla.

MEDUSA
ES UN NOMBRE
GRIEGO QUE
SIGNIFICA
«GUARDIANA
O PROTECTORA».
ERA UN MONSTRUO
FEMENINO CON
EL CABELLO LLENO
DE SERPIENTES
QUE CONVERTÍA EN
PIEDRA A AQUELLOS
QUE LA MIRABAN
FIJAMENTE A LOS OJOS.

◆ La segunda prueba consiste en sumar los tiempos de todos estos ritmos —dijo Euterpe.

Euterpe les dio un pentagrama con figuras musicales y les recordó que las dos corcheas valían un tiempo, la negra valía un tiempo y la blanca valía dos. Por lo tanto sólo tenían que sumar.

Clara miró a su hermano y le susurró un número al oído. Como los dos parecían estar de acuerdo, David, con decisión, dijo: —Ya tenemos la solución, suman 24 tiempos.

Tiempos: 1   1 1 1   2   1   1 1 1   2   1   1 1 1 1 1 1   1 1 1   2

Total: 24 tiempos

◆ ¡Prueba superada! —dijo Euterpe y Medusa desapareció sin convertir a nada ni a nadie en piedra, por suerte.

3

El compás: tiempos fuertes y débiles; compases binarios, ternarios y cuaternarios

Euterpe prosiguió:

♦ Ahora hablaremos del compás.

Y añadió:

♦ En la música, necesitamos ordenar los sonidos, y al igual que cuando hablamos hay sílabas fuertes (que pronunciamos con más intensidad) y sílabas débiles (que pronunciamos más suavemente), cuando cantamos o tocamos una melodía también marcamos los tiempos o pulsaciones fuertes y tocamos o cantamos con más suavidad los tiempos o pulsaciones débiles. Por ejemplo, si escuchamos un vals, observamos que los sonidos están ordenados en grupos de tres pulsaciones: fuerte-débil-débil. En cambio si escuchamos un rock'n roll o una canción pop, las pulsaciones que escuchamos están ordenadas en grupos de cuatro tiempos: fuerte-débil-semifuerte-débil. Y en una marcha militar la música se organiza en dos pulsaciones o tiempos: fuerte-débil.

- EL COMPÁS TERNARIO: el vals *El Danubio azul* de Johann Strauss.

- EL COMPÁS CUATERNARIO: *Rock around the clock*

- EL COMPÁS BINARIO: *Marcha Radestky* de Johann Strauss.

● ¿Y cómo se indica o se escribe esta información en el pentagrama? —preguntó Clara.

♦ Se indica ordenando los sonidos, dividiendo la pieza musical en compases, usando barras verticales como división. Cuando finaliza la pieza musical se indica con dos barras, la última de las cuales es más gruesa. El espacio que hay entre dos barras es el compás y como hemos visto, cada compás puede dividirse en dos, tres o cuatro partes iguales llamadas tiempos o pulsaciones —respondió Euterpe. A lo que añadió—:

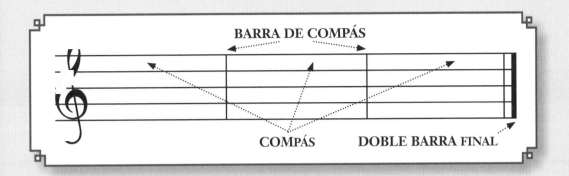

BARRA DE COMPÁS

COMPÁS   DOBLE BARRA FINAL

◆ Una vez que ya sabemos cómo crear los compases, ahora necesitamos indicar cuántos tiempos o pulsaciones caben en cada uno. Si queremos que cada compás tenga dos pulsaciones utilizaremos la fracción 2/4 que escribiremos inmediatamente después de la clave de Sol, al inicio del pentagrama.

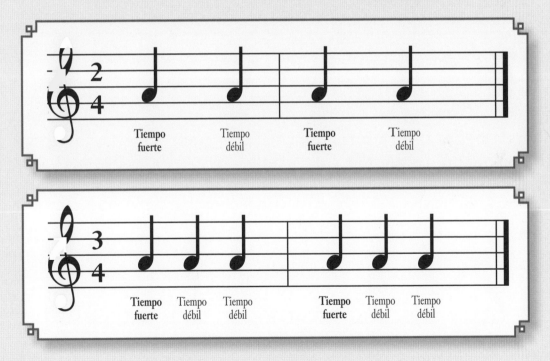

Tiempo fuerte   Tiempo débil   Tiempo fuerte   Tiempo débil

Tiempo fuerte   Tiempo débil   Tiempo débil   Tiempo fuerte   Tiempo débil   Tiempo débil

● ¿Y si vemos el símbolo 3/4 querrá decir que en cada compás habrá tres pulsaciones? —preguntó David.

◆ Exactamente —respondió Euterpe—. Y cuando se indique 4/4 en la partitura, dime Clara, ¿cuántas pulsaciones tendrán que haber en cada compás?

● Creo que cuatro pulsaciones.

◆ Perfecto —contestó Euterpe. Y prosiguió—: En los ejemplos anteriores las figuras que aparecen son negras porque cada negra dura un tiempo, pero pueden haber las figuras que queramos mientras que cada compás tenga las pulsaciones que indique su símbolo:

En resumen, el símbolo de compás está compuesto como habéis visto de dos números. El que se escribe arriba indica el número de tiempos o pulsaciones que habrá en cada compás y el que se escribe abajo nos da información del valor o duración que tendrá cada pulsación. El 4 indica negra. No siempre veremos un 4 en la parte inferior, puede haber el 1, el 2, el 8, el 16, el 32 o el 64 y cada uno de estos números indica una figura o valor diferente:

1: REDONDA ◆ 2: BLANCA ◆ 4: NEGRA ◆ 8: CORCHEA
◆ 16: SEMICORCHEA ◆ 32: FUSA ◆ 64: SEMIFUSA

● Entonces, ¿si una partitura está escrita en compás 4/2 querrá decir que en cada compás habrá cuatro pulsaciones de blanca? —ha preguntado Clara.

◆ Exactamente —ha respondido Euterpe.

Cuando no vamos con el tiempo fuerte: el contratiempo

Entonces, Euterpe siguió explicándoles:

◆ Antes hemos visto que en un compás tenemos tiempos fuertes y débiles. Pues cuando una nota está en el tiempo débil y delante de ella hay un silencio, decimos que esta nota es un contratiempo.

Cuando convertimos en fuerte una nota débil: la síncopa

◆ Ahora voy a convertir esta nota débil en una síncopa. Es muy fácil, sólo tenemos que alargarla con una ligadura de prolongación, de modo que al alargar el valor de esta nota, el acento recaiga en ella aunque esté en tiempo débil.

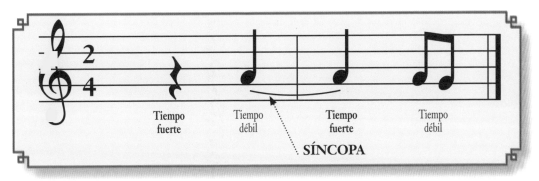

Y prosiguió con su relato:

◆ También encontramos síncopas cuando la nota larga está en el tiempo débil sin necesidad de alargarla con una ligadura de prolongación.

Las repeticiones

Entonces Euterpe les dijo a los chicos:

♦ ¿Sabéis que en las partituras muchas veces los compositores se ahorran el volver a escribir los fragmentos que se repiten? La manera es indicarlo con dos puntos al principio o al final del compás. Cuando los dos puntos están al final del compás indica que se tiene que repetir desde el principio de la pieza o desde el compás que tiene los dos puntos en el principio del compás. Fijaos en los dos ejemplos:

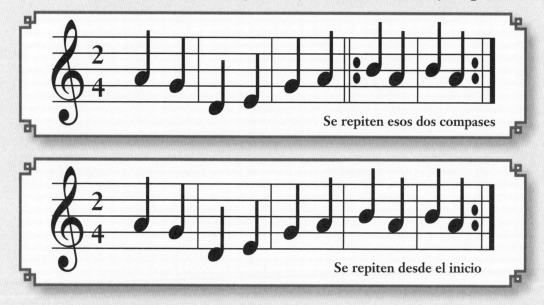

Se repiten esos dos compases

Se repiten desde el inicio

♦ También podemos encontrarnos en una pieza este signo que indica que cuando lleguemos al compás que tiene el 1 y los dos puntos de repetición tendremos que volver al inicio y volver a repetir para luego saltarnos este compás 1 y seguir a partir del compás 2 en adelante:

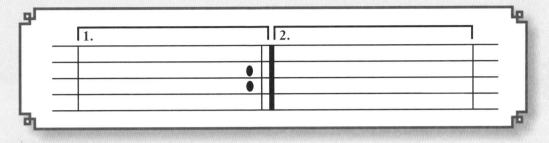

Compás de anacrusa

◆ Antes os he explicado que los compases tienen que estar siempre completos, es decir, en una partitura escrita en compás de dos tiempos, cada compás de la pieza tendrá figuras que sumarán dos tiempos. En una escrita en tres tiempos, en cada compás las figuras sumarán tres tiempos… Pero hay un caso en el que el compás no está completo y es el compás de anacrusa. Este compás se encuentra siempre al principio de una pieza musical y está formado por una o varias figuras musicales que preceden al primer tiempo fuerte del siguiente compás. Es como si empezáramos a cantar o tocar una canción o pieza musical antes de tiempo, añadiendo unas notas como anticipación —explicó Euterpe.

◆ ¿Hasta aquí todo entendido? Porque ahora es el momento de la tercera prueba.

En ese instante empezaron a volar las sábanas, las páginas de los libros, la ropa que tenía colgada en la habitación, el pelo de Clara... parecía que hubiese llegado un tornado. Cuando cesó el viento huracanado apareció volando Harpía, un monstruo alado que asustó a Clara y a David.

HARPÍA
ERA UN SER MALÉFICO CON CUERPO DE AVE DE RAPIÑA, OREJAS DE OSO Y AFILADAS GARRAS QUE TRAÍA TEMPESTADES, ENFERMEDADES Y MALA SUERTE.

Sin perder tiempo Euterpe les anunció:

◆ ¡Atención! La tercera prueba va a ser la siguiente: tenéis que escribir las barras de compás en este pentagrama. Podéis empezar ahora mismo.

Volvió a empezar el viento provocado por Harpía, pero entre Clara y David pudieron agarrar fuertemente la partitura y empezar a pintar las barras que dividían la pieza musical en compases, recordando que cada compás tenía que contener tres pulsaciones o tiempos de negra ya que el compás indicado era 3/4. Así lo hicieron entre los dos, trabajando en equipo:

Cuando acabaron, cesó el viento y Euterpe les dijo:

◆ Fijaos que, para que sea correcta la escritura de la canción, el último compás está incompleto, ya que el tiempo que le falta es la anacrusa del principio de la canción. Por lo tanto, entre el último compás y el primero forman un compás entero.

● ¿Por lo tanto está correcto? —preguntó David.

◆ ¡Sí! —respondió feliz Euterpe.

Y Harpía salió volando para comunicar a Hades que la prueba se había superado con éxito, creando de nuevo los vientos huracanados.

● ¡Ufff! —exclamaron aliviados ambos niños cuando la habitación quedó en calma y pudieron hablar.

4

La tonalidad

◆ Esto que os voy a explicar —nos dijo Euterpe— es un poco complejo, por lo que tendréis que estar muy atentos. Ahora os hablaré de la tonalidad. La tonalidad es el sistema en el que se basa la música para que nos suene bien cuando la escuchamos. Por eso cuando escuchamos música contemporánea que no está basada en la tonalidad nos cuesta más de entender, aunque todo es acostumbrar al oído a nuevas sonoridades.

Y prosiguió:

◆ La tonalidad es un lenguaje. ¿Verdad que el lenguaje hablado está formado por sonidos y letras que vamos combinando para formar palabras y frases? Pues la tonalidad está formada por una serie de sonidos ordenados a los que llamamos escala musical.

La escala musical

◆ La escala musical más conocida y que hemos visto en el primer capítulo es la escala de Do. Es la escala que surge cuando tocamos todas las notas blancas del piano desde la nota Do hasta la siguiente nota Do —explicó Euterpe.

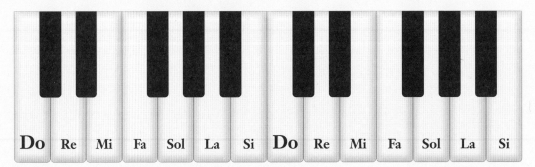

| Do | Re | Mi | Fa | Sol | La | Si | Do | Re | Mi | Fa | Sol | La | Si |

● ¡Sí, esta escala la practico con el piano! —exclamó David.

A lo que Euterpe replicó:

♦ Lo sorprendente es que podemos empezar una escala musical desde cualquier nota y va a sonar igual de bien, incluso podemos empezar una escala desde las teclas negras del piano y también nos sonará igual que si empezáramos la escala por la nota Do. ¿Y por qué? ¿Cuál es la explicación? Ahora mismo os lo voy a contar.

Tonos y semitonos

♦ La explicación es la distribución de tonos y semitonos entre las diferentes notas. ¿Y qué es un tono y un semitono os preguntaréis? —señaló Euterpe mirando a los chicos—. Ahora mismo os lo explico:

♦ El semitono es la distancia más pequeña que hay entre dos sonidos y el tono es la suma de la distancia de dos semitonos. Para que lo entendáis más bien os tenéis que fijar en las teclas de un piano. Entre el Do y el Re hay una tecla negra, es decir otro sonido, en cambio entre el Mi y el Fa y entre el Si y el Do no hay ninguna. Por lo tanto, cuando entre dos teclas blancas hay una tecla negra decimos que hay un tono entre ellas, y cuando no la hay, la distancia es de un semitono:

> **DO-RE: 1 tono** ♦ **RE-MI: 1 tono** ♦ MI-FA: 1 semitono
> ♦ **FA-SOL: 1 tono** ♦ **SOL-LA: 1 tono** ♦ **LA-SI: 1 tono**
> ♦ SI-DO: 1 semitono

Como conclusión: recordad que en la escala de Do existe esta distribución de tonos y semitonos entre las notas:

TONO ♦ TONO ♦ SEMITONO ♦ TONO ♦ TONO ♦ TONO ♦SEMITONO

Y finalizó su explicación con estas palabras:

♦ Esta es la escala que nos sirve de modelo, de modo que cuando queremos hacer una escala empezando por otra nota tenemos que mantener la misma distribución de tonos y semitonos para que suene igual de bien. Aquí es donde aparecen los sostenidos y bemoles.

Las alteraciones: sostenidos y bemoles

En ese momento Euterpe se lanzó a explicarles de una manera muy didáctica qué eran los sostenidos y los bemoles.

♦ El sostenido es un símbolo musical que se coloca delante de una nota y sirve para **subir** la altura del sonido un semitono.

♦ En cambio, el bemol es un símbolo musical que se coloca delante de una nota y sirve para **bajar** la altura del sonido un semitono.

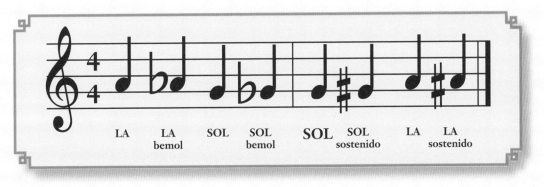

| LA | LA bemol | SOL | SOL bemol | SOL | SOL sostenido | LA | LA sostenido |

Y prosiguió:

◆ En el piano podemos ver que, cuando bajamos un semitono la altura de un sonido, la nota que tocamos está más a la izquierda (el Sol bemol es la tecla negra de la izquierda del Sol) y cuando lo subimos tocamos la nota que está más a la derecha (el Sol sostenido es la tecla negra de la derecha del Sol). Curiosamente, el Sol sostenido y el La bemol son la misma tecla, hecho que pasa con muchas otras notas...

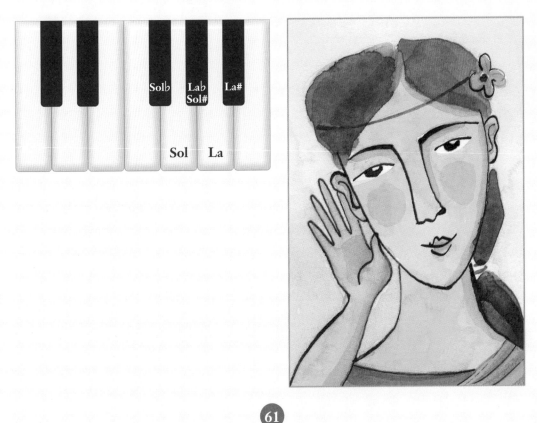

Tonalidad o modo mayor y menor

Luego, Euterpe les preguntó:

◆ ¿Os habéis fijado que a veces hay melodías alegres y melodías tristes?

● Sí —respondieron los dos al unísono.

◆ La explicación está relacionada con la tonalidad —replicó Euterpe. Y añadió—: ¿Recordáis que la escala de Do tenía esta distribución de tonos y de semitonos?

TONO ◆ **TONO** ◆ SEMITONO ◆ **TONO** ◆ **TONO**
◆ **TONO** ◆ SEMITONO

◆ Pues esta es la distribución de tonos y semitonos de la escala mayor. La escala que suena alegre y que debemos utilizar si queremos escribir melodías alegres. Vamos a poner un ejemplo escribiendo la escala de Re mayor:

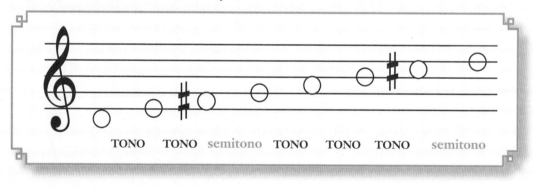

TONO   TONO   semitono   TONO   TONO   TONO   semitono

◆ En un piano, si queremos tocar esta escala de Re mayor, tocaremos las teclas que tienen el círculo rojo —continuó explicando Euterpe.

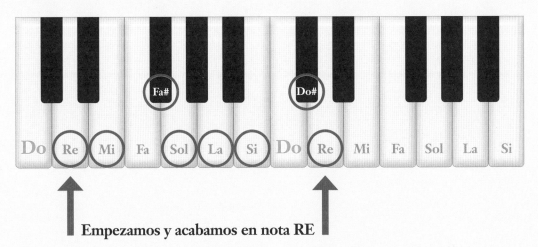

Empezamos y acabamos en nota RE

● Yo quiero probar, quiero tocar esta escala con el piano —dijo David—. Tras lo cual empezó a tocarla fijándose en el Fa y el Do sostenido.

◆ De esta forma podrías ir construyendo todas las escalas mayores que resultan de empezar por cada una de las teclas del piano, blancas o negras. Y todas las escalas resultantes sonarían igual que la escala de Do Mayor —señaló Euterpe. Y añadió—: Por otro lado, ¿cómo haremos para crear una melodía que suene triste? ¿Qué notas utilizaremos?

● No lo sé —respondió David encogiendo los hombros.

◆ Pues utilizaremos la escala menor natural que suena diferente porque la distribución de tonos y semitonos es distinta. Vamos a ver la escala de La menor natural, que es la que resulta de tocar las teclas blancas del piano y que no contiene ninguna alteración (sostenido o bemol) —añadió Euterpe.

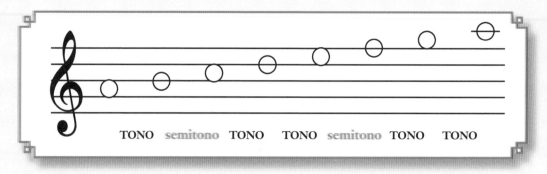

TONO semitono TONO TONO semitono TONO TONO

◆Si os habéis fijado, la distribución de tonos y semitonos es diferente —les explicó Euterpe mirándolos fijamente:

LA-SI: *Tono*

SI-DO: *Semitono*

DO-RE: *tono*

RE-MI: *tono*

MI-FA: *Semitono*

FA-SOL: *tono*

SOL-LA: *tono*

TONO ◆ SEMITONO ◆ TONO ◆ TONO ◆ SEMITONO ◆ TONO ◆ TONO

Entonces, Euterpe les dijo:

◆ Ahora vamos a construir la escala de Mi menor natural como ejemplo:

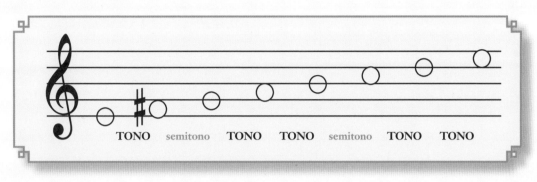

Y dirigiéndose a David, señaló:

◆ David, en el piano tocarás las siguientes teclas:

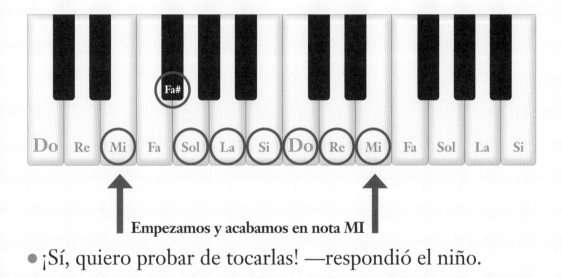

● ¡Sí, quiero probar de tocarlas! —respondió el niño.

La armadura

◆ ¿David, te has fijado que al principio de una canción o pieza musical muchas veces después de la clave hay sostenidos o bemoles? —le preguntó Euterpe.

● ¡Sí, es verdad! No sé lo que significan… —ha respondido con curiosidad.

◆ Pues son para indicar la tonalidad en la que está escrita, es decir, la escala musical utilizada y así evitar el ir colocando los sostenidos o bemoles delante de cada nota a lo largo de la partitura. Por ejemplo, si una pieza musical está escrita en Re Mayor, como hemos visto antes en el ejemplo, las notas Fa y Do llevarán el #. Si colocamos al principio de la pieza la armadura nos ahorramos tener que poner delante de la nota Fa y Do el símbolo de sostenido cada vez que aparecen en la partitura —ha explicado Euterpe, añadiendo—:

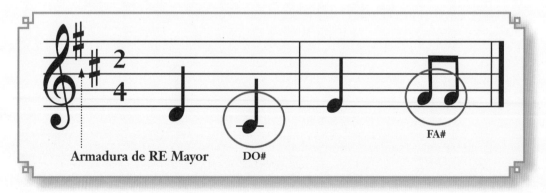

Armadura de RE Mayor   DO#   FA#

—Y los sostenidos y bemoles de la armadura se escriben siempre en el mismo orden en el pentagrama:

Orden de los sostenidos: FA-DO-SOL-RE-LA-MI-SI

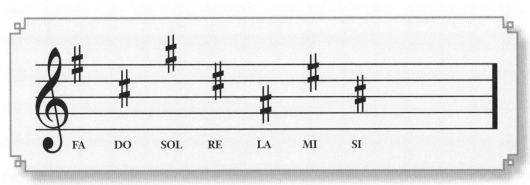

Orden de los bemoles: SI-MI-LA-RE-SOL-DO-FA

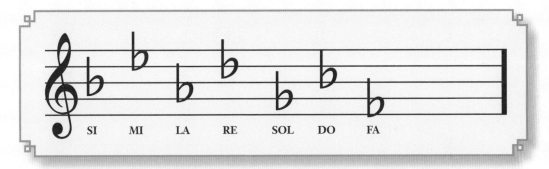

Tras esto, se dirigió de nuevo a Clara y a David y les explicó lo siguiente:

—Ahora os indicaré los sostenidos y bemoles que tiene cada escala mayor y menor. Con este resumen podréis descubrir qué tonalidad se ha utilizado para escribir una pieza musical solamente con ver su armadura.

ESCALA MAYOR	ESCALA MENOR	SOSTENIDOS DE LA ARMADURA
DO	LA	NINGUNO
SOL	MI	FA
RE	SI	FA DO
LA	FA ♯	FA DO SOL
MI	DO ♯	FA DO SOL RE
SI	SOL ♯	FA DO SOL RE LA
FA ♯	RE ♯	FA DO SOL RE LA MI
DO ♯	LA ♯	FA DO SOL RE LA MI SI

ESCALA MAYOR	ESCALA MENOR	BEMOLES DE LA ARMADURA
DO	LA	NINGUNO
FA	RE	SI
SI ♭	SOL	SI MI
MI ♭	DO	SI MI LA
LA ♭	FA	SI MI LA RE
RE ♭	SI ♭	SI MI LA RE SOL
SOL ♭	MI ♭	SI MI LA RE SOL DO
DO ♭	LA ♭	SI MI LA RE SOL DO FA

● Me acabo de fijar que cada escala mayor tiene una escala menor con la que comparte la misma armadura o el mismo número de notas que llevan sostenidos o bemoles. ¿Por qué? —ha señalado acertadamente Clara.

Entonces Euterpe le respondió satisfecha:

♦ Sí, así es. Cada tonalidad o escala mayor tiene su relativo menor o escala menor que tiene las mismas notas. Hemos visto anteriormente que Do mayor y La menor compartían las mismas notas, pues lo mismo pasa con todas las otras escalas mayores. Todas tienen una escala menor o relativo. Esta escala o tonalidad menor está siempre a una distancia de 1 tono y 1 semitono de la tonalidad mayor. Por ejemplo:

Do mayor- La menor: de Do a Si = semitono y de Si a La = tono

Sol mayor- Mi menor: de Sol a Fa = tono y de Fa a Mi = semitono

Fa mayor- Re menor: de Fa a Mi = semitono y de Mi a Re = tono

Entonces Euterpe
les anunció algo inesperado:

◆ Chicos, veo que ya estáis
preparados, ahora es el momento
de que aparezca Quimera.

QUIMERA ERA UN MONSTRUO
CON FORMA DE LEÓN, CABEZA DE CABRA,
COLA DE SERPIENTE Y PATAS DE DRAGÓN
QUE ECHABA FUEGO POR LA BOCA Y QUE
SE CONSIDERABA LA PERSONIFICACIÓN
DE LA TEMPESTAD.

• ¡No! Espera… no me veo preparada… es un poco complicado y no creo que podamos superar esta prueba —ha respondido Clara muy preocupada.

• ¡Sí, Clara, sí que podemos! Yo confío en nosotros —ha resuelto David muy decidido.

A lo que Euterpe ha añadido:

◆ He visto que habéis estado escuchando atentamente, de modo que si estáis concentrados y confiáis en vosotros no creo que tengáis ningún problema. Además aún no sabéis qué prueba será y estaréis de acuerdo conmigo en que tenemos que arriesgarnos y seguir adelante.

Clara ha asentido con la cabeza, ha mirado a su hermano y ha recuperado la confianza en sí misma.

De pronto, Quimera ha entrado en la habitación por la ventana con un gran estruendo y echando fuego por la boca. Realmente era muy difícil estar concentrados teniendo este monstruo delante…

◆ Os voy a enseñar una melodía conocida, es la misma sobre la que habéis realizado las anteriores pruebas —les ha dicho Euterpe. Y ha añadido—:

◆ La que os muestro ahora es la misma melodía pero está escrita en una tonalidad diferente. La pregunta es: ¿en qué tonalidad está escrita la melodía?

● Supongo que podemos consultar nuestras anotaciones —susurró Clara, escondiéndose de Quimera, pues no quería que les abrasara las partituras, ni los escritos y ni mucho menos a ellos. Después de hablar un buen rato con su hermano, dijo: —En la armadura hay un bemol, el Si bemol, que indica que la tonalidad podría ser Fa Mayor o Re menor y como la melodía acaba en Fa, nuestra respuesta es que la tonalidad es Fa Mayor.

◆ ¡Enhorabuena! Prueba superada —ha exclamado Euterpe, satisfecha.

Con la tranquilidad de haber superado la prueba, Clara y David miraron boquiabiertos cómo Quimera se alejaba por la calle echando fuego por la boca y dando golpes con su larga cola de serpiente.

5

La intensidad y la expresión

◆ ¿Qué diferencia hay entre el sonido de pasar una hoja de papel y el sonido de un martillo picando en la pared? —ha preguntado Euterpe dirigiéndose a los niños.

● Que el primero es suave y flojo y el segundo es fuerte y molesto —ha respondido rápido David.

◆ Sí, efectivamente —ha asentido Euterpe—. Estos dos sonidos tienen una intensidad diferente. La intensidad de los sonidos se mide en decibelios (dBs). El sonido de una pisada es de 10 dB, el del viento pasando entre los árboles es de 20 dB, el de motocicletas ruidosas de 100 dB y el de un petardo fuerte 120 dB, intensidad no recomendable para el oído humano. Como veis, cuanto más ruidoso es el sonido, más decibelios tiene.

Y ha añadido:

f

◆ En música a esta diferencia de intensidad de los sonidos se le llama «dinámica» y es imprescindible para dar expresividad a la música. Si cantamos y tocamos sin variar la intensidad, la música carece de expresión, se vuelve monótona y poco interesante. Lo mismo pasa cuando hablamos. Cuando queremos que una pieza musical suene fuerte, lo indicamos en la partitura con este símbolo encima o debajo del pentagrama que se llama *«forte»*.

◆ Y si queremos que suene flojo escribimos *«piano»*.

◆ Pero además, si queremos que suene ni flojo ni fuerte escribimos *«mezzoforte»*.

◆ Estos tres símbolos son los más usados, pero existen muchos más para indicar la intensidad de una pieza musical, que van desde el *«pianissimo»* (que se indica **pp** o **ppp**) al *«fortissimo»* (que se indica **ff** o **fff**).

Los reguladores

◆ Para dar expresividad a la música es imprescindible que conozcáis los reguladores —ha explicado Euterpe—. Son unos símbolos que se colocan debajo de las notas del pentagrama e indican un cambio gradual de la intensidad. Por ejemplo se utiliza el *«crescendo»* para indicar que cada vez iremos tocando o cantando más fuerte o por el contrario el *«decrescendo»* o *«diminuendo»* para indicar que cada vez lo haremos más flojo.

Crescendo:

Decrescendo o diminuendo:

La ligadura de expresión

◆ ¿Os acordáis de la ligadura de prolongación? —les ha interpelado Euterpe a los chicos—. ¿Aquella línea curva que une las cabezas de dos o más notas del mismo nombre y que sirve para sumar el valor o duración de todas ellas? ¿Recordáis que se interpreta una sola nota que tendrá como duración la suma de la duración de las notas unidas?

- Sí que me acuerdo —ha respondido Clara.
- Yo también —ha añadido David.

◆ Perfecto —ha señalado Euterpe—. Pues, tenéis que conocer otro tipo de ligadura que sirve para indicar cómo se tiene que interpretar las notas. Es la ligadura de expresión y une varias notas de diferente nombre y duración e indica que se tienen que tocar o cantar ligadas, **«legato»**, es decir sin ningún tipo de separación entre ellas.

◆ Por lo tanto, si tenemos que cantar o tocar con un instrumento de viento varias notas que están unidas por una línea de expresión, lo haremos sin respirar entre ellas y si las tenemos que tocar con un instrumento de cuerda lo haremos sin cambiar la dirección del arco. Pasa lo mismo cuando leemos o hablamos. Pronunciamos seguidas todas las palabras que forman parte de la misma frase, y es que en música también se organizan los diferentes grupos de notas o motivos musicales en frases y normalmente están indicadas con estas líneas de expresión.

◆ Por el contrario, cuando encima de la cabeza de una nota encontramos un punto, quiere decir que se debe interpretar en *«staccato»*, reduciendo su duración. Cuando tenemos varias notas con *staccato* el efecto es el de tocar estas notas separadas, como si entre ellas hubieran silencios. Es importante no confundir con el punto de prolongación que alarga la duración de la nota y que se coloca a la derecha de la cabeza de la nota.

● ¡A mí me gusta mucho tocar *staccato* en el piano porque voy saltando de una nota a otra! —ha exclamado David interpretando a continuación la canción «Estrellita dónde estás» con el piano, tocando *legato* las 3 primeras frases y *staccato* en la última.

El movimiento

◆ Vamos a proseguir —ha dicho Euterpe pacientemente—. El movimiento es la velocidad con la que se interpreta una pieza musical y se indica con unas palabras que se colocan encima del pentagrama, al principio de la obra o cuando hay un cambio de velocidad. Por ejemplo podemos encontrar la palabra *Lento* —que indicará que interpretaremos la pieza lentamente—, *Moderato* —que lo haremos ni muy rápido ni muy lento— o *Allegro* —que lo haremos rápido—. Hay muchísimos términos más... pero quiero destacar el término o la palabra *Ritardando (la abreviación es rit.)* o *rallentando (rall.)* que indica que progresivamente iremos disminuyendo la velocidad. Normalmente aparece al final de una frase o de un fragmento musical.

◆ ¿Podéis cantar la canción «Estrellita dónde estás» haciendo un *ritardando* al final?

● Claro que sí —han respondido ambos efusivamente.

◆¡Muy bien! Habéis acabado la canción cantando cada vez más despacio… —les ha felicitado Euterpe.

De repente empezaron a oír unos ladridos que hacían retumbar la habitación.

Cada vez se oían más fuertes, como si de un crescendo se tratara, hasta que por la puerta apareció un monstruo enorme con forma de perro. Todos giraron la vista rápidamente hacia Euterpe a la espera de saber qué tenían que hacer.

CERBERO ERA UN PERRO
GIGANTESCO DE TRES CABEZAS Y COLA
DE SERPIENTE. MUCHAS OTRAS SERPIENTES
LE NACÍAN DEL LOMO. SU MORDISCO ERA
VENENOSO. ERA EL GUARDIÁN DE LAS PUERTAS
DEL REINO DE HADES Y VIGILABA QUE NADIE
ENTRARA O SALIERA DE ÉL.

Euterpe los miró y prosiguió sin inmutarse:

◆ Es el momento de realizar la penúltima prueba. Tendréis que responder a la pregunta ¿Cuántas frases musicales tiene la partitura de esta canción y por qué lo sabéis? Y también me tenéis que decir qué canción es. La podéis tocar en el piano para que os sea más fácil de reconocer.

Los chicos hablaron entre ellos un momento y decidieron que fuera Clara quien respondiera a la primera pregunta y que David hiciera lo mismo con la segunda.

● Pues la canción tiene cuatro frases, ya que las líneas de expresión marcan el inicio y el final de cada frase musical, y hay cuatro líneas de expresión —respondió Clara sin dudar.

Ahora sólo faltaba que David tocara la canción y que la pudiera reconocer.

Empezó a tocar cantando a la vez: DO-DO-RE-DO-FA-MI, DO-DO-RE-DO-SOL-FA, DO-DO-DOAGUDO-LA-FA-MI-RE, SIb-SIb-LA-FA-SOL-FA.

● La canción es: «Cumpleaños feliz» —aseguró David.

◆ ¡Genial! ¡Felicidades! —exclamó Euterpe—. Cerbero ya puede abandonar la habitación y comunicar a Hades que habéis superado la prueba. Ahora solamente os queda una, es la decisiva y es la más difícil…

Una vez se hubo marchado Cerbero, los chicos percibieron que el silencio y la calma invadían de nuevo su habitación otra vez. Volvían a estar preparados para poder proseguir con su objetivo.

6

El otro nombre
de las notas

◆ Estamos llegando al final de esta aventura y lo último que me gustaría explicaros es que no siempre ni en todas partes a las notas musicales se las conoce por: Do, Re, Mi, Fa, Sol, La y Si —les advirtió Euterpe.

● ¿A no? —preguntó Clara muy sorprendida.

● ¿En serio? —añadió David.

Entonces Euterpe les explicó lo siguiente:

◆ En los países anglosajones (de procedencia germánica) se utiliza otra nomenclatura basada en las letras del alfabeto que deriva de la notación griega. En la Antigua Grecia se nombraba a las notas empezando por el La desde la letra alfa (primera del alfabeto) hasta la gamma.

En muchas partituras arriba o debajo del pentagrama vemos letras escritas en mayúsculas que hacen referencia a notas musicales. Normalmente se utilizan para indicar a los músicos qué notas deben utilizar para realizar el acompañamiento de una melodía.

Nombre de las notas en inglés

Y, luego, añadió:

◆ En la notación inglesa o americana se empieza a nombrar las notas con las letras del abecedario en mayúsculas empezando desde la nota La.

A	B	C	D	E	F	G
LA	SI	DO	RE	MI	FA	SOL

◆ El sostenido se nombra con la palabra *sharp* y el bemol con el término *flat*. Por ejemplo si quiero escribir en inglés La sostenido anotaré A sharp y si quiero escribir Mi bemol escribiré E flat.

Nombre de las notas en alemán

◆ Es interesante que también conozcáis la nomenclatura o el nombre de las notas en alemán —les explicó Euterpe—. Es muy parecido al inglés en cuanto a que las notas se nombran con las letras del abecedario, pero encontramos unas diferencias: la nota Si se indica con la H, el Si bemol se indica con la B y el sostenido y el bemol se indican de diferente manera. El sostenido se escribe añadiendo "is" y el bemol "es" (en minúscula) a la letra en mayúscula que corresponde a la nota. Por ejemplo:

Do sostenido:	*Cis*
Re bemol:	*Des*
Fa sostenido:	*Fis*
Mi bemol:	*Es (no se escribe Ees)*
Sol sostenido:	*Gis*
Sol bemol:	*Ges*
Si:	*H*
Si sostenido:	*His*
Si bemol:	*B*

● Es interesante eso de utilizar letras para nombrar a las notas —ha advertido Clara.

Criptogramas musicales

◆ Sí, pienso que es interesante y práctico que conozcáis estas diferentes nomenclaturas ya que aparecen en las partituras, pero además os quiero explicar una cosa relacionada con ellas que os va a sorprender. ¿Sabíais que en las partituras de los grandes compositores hay mensajes cifrados escondidos entre las notas? —ha preguntado Euterpe.

● ¡Qué emocionante! ¿Y dónde están escondidos? —ha comentado un sorprendido David.

◆ Acabamos de ver —le ha respondido Euterpe— que tanto en la notación alemana como en la inglesa se usan las letras del alfabeto para representar las notas musicales. Por lo tanto, se pueden crear palabras con los sonidos como por ejemplo:

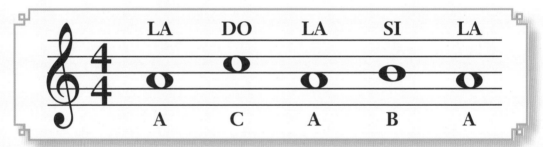

● ¡Se ha formado la palabra ACABA! Tengo curiosidad por saber qué compositor escribía mensajes en las partituras…—ha advertido David.

◆ Eran muchos compositores los que lo hacían —le ha explicado Euterpe—. Como ejemplo, te comentaré que Johann Sebastian Bach, célebre compositor alemán del barroco musical, empleó las letras de su apellido en muchas de sus composiciones. Al usar las notas de la nomenclatura alemana BACH, el compositor realizaba una especie de firma sonora.

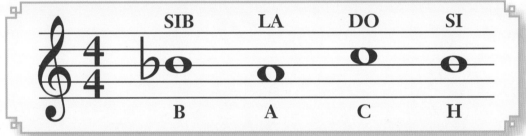

Euterpe se ha dirigido de nuevo a los dos niños para lanzarles una pregunta.

◆ Bien, pues, llegados a este punto, sólo falta que os haga la última y definitiva prueba. Respirad hondo y pensad que estáis muy preparados y que si habéis llegado hasta aquí es por vuestra atención, valentía y fuerza de voluntad. ¿Estáis listos?

● ¡Sí! Aunque tengo mucho miedo, sé que ahora no puedo abandonar —ha exclamado un nervioso David.

◆ ¡Claro que no! —ha añadido Euterpe.

ESFINGE ERA UNA CRIATURA QUE TENÍA CABEZA HUMANA, CUERPO DE LEÓN Y ALAS DE AVE. SE TUMBABA EN LAS ROCAS Y LANZABA ACERTIJOS A TODOS LOS QUE PASABAN. EL FUTURO DE ESTOS DEPENDÍA DE SI HABÍAN ACERTADO O NO.

En aquel momento, entró volando en la habitación a través
de la ventana un ser bastante grande
con cuerpo de león y alas de ave. Era Esfin-
ge, famosa por lanzar acertijos, y como no podía ser de otra
manera, la prueba seguramente sería resolver un enigma...
Sus rugidos eran ensordecedores, por supuesto quería ate-
morizar a los jóvenes y distraerlos para evitar que respon-
dieran correctamente...

◆ ¡Chicos, prestadme atención por favor! —exclamó Euterpe—. Para poder liberar a Apolo, dios de la música, tenéis que resolver de manera correcta este acertijo o enigma musical. ¿Qué mensaje cifrado se esconde en esta melodía?

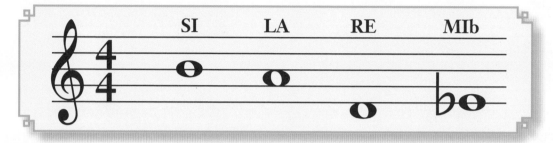

David y Clara empezaron a pensar... ¿qué nomenclatura debían utilizar? ¿La inglesa o la alemana? Probaron primero con la inglesa: BADEflat… no tenía ningún sentido… y después lo intentaron con la alemana…

● ¡El mensaje es: HADES! —exclamaron los dos, gritando y saltando de alegría, pues estaban completamente convencidos de estar en lo cierto.

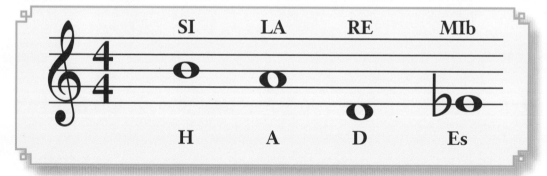

◆ ¡Mensaje correcto! ¡Esto significa que Esfinge debe comunicar a los guardianes del reino de Hades que tienen que liberar a Apolo. Este era el reto y el trato y lo habéis superado! —dijo Euterpe sin ocultar su alegría.

Después de escuchar estas palabras Esfinge se marchó sin dejar de rugir para cumplir con su cometido…

◆ ¡Muy bien chicos! ¡Sabía que lo conseguiríais! —señaló orgullosa Euterpe—. Os felicito porque gracias a vuestra ayuda podremos seguir disfrutando de la música y os animo a que busquéis, investiguéis y sigáis aprendiendo este lenguaje universal. Hasta siempre Clara y David.

Clara se despertó sobresaltada. No sabía si había sido un sueño, pero recordaba todo lo que había aprendido aquella noche y, siguiendo el consejo de Euterpe, decidió seguir aprendiendo música.

● Creo que me gustaría aprender a tocar el saxofón, ya que siempre me ha gustado mucho este instrumento.

Espero que vosotros también hayáis disfrutado y aprendido algo tan maravilloso como la música, que nos hace sentir y soñar y nos acompaña en cada episodio de nuestra vida.

Euterpe aconseja...

Practicar online:

- DoReMiNotas: https://www.doreminotas.com/index.php

- Aprendo música: https://aprendomusica.com/index.html

- Musilandia: https://www.youtube.com/channel/UCTPWDzz5iO7mfiXreL4Zz3w/videos

- Piano Online Farm animals: https://cdn2.kidmons.com/games/pianoonline/index.php

- Xylo: https://playxylo.com/

- Musicca: https://www.musicca.com/es/herramientas

- Teoria: https://www.teoria.com/es/

- Piano pedagogy plus: https://www.pedaplus.com/notegames/

Experimentar con los sonidos:

- Chrome music lab: https://musiclab.chromeexperiments.com/Experiments

- El Buhoboo: https://www.elbuhoboo.com/juegos-infantiles/25/

- Blob opera: https://www.crazygames.com/game/blob-opera

- Touch pianist: http://touchpianist.com/

- Incredibox: https://www.incredibox.com/demo/

Libros para seguir aprendiendo:

- Amat C. y Casanova A., *Pentagrama I. Lenguaje musical. Grado elemental*, Boileau.

- Figuls M., *Música cuaderno de ejercicios primaria*, Editorial Nadal.

- Roncero V., *Andante*. Lenguaje musical, Editorial Piles

- Andreu M., *DoReMi*, Editorial Dinsic